国家出版基金项目
NATIONAL PUBLICATION FOUNDATION

记住乡愁

——留给孩子们的中国民俗文化

刘魁立◎主编

第十一辑 生肖祥瑞辑

生肖虎

林海聪◎编著

本辑主编 张 勃

黑龙江少年儿童出版社

序

亲爱的小读者们，身为中国人，你们了解中华民族的民俗文化吗？如果有所了解的话，你们又了解多少呢？

或许，你们认为熟知那些过去的事情是大人们的事，我们小孩儿不容易弄懂，也没必要弄懂那些事情。

其实，传统民俗文化的内涵极为丰富，它既不神秘也不深奥，与每个人的关系十分密切，它随时随地围绕在我们身边，贯穿于整个人生的每一天。

中华民族有很多传统节日，每逢节日都有一些传统民俗文化活动，比如端午节吃粽子，听大人们讲屈原为国为民愤投汨罗江的故事；八月中秋望着圆圆的明月，遐想嫦娥奔月、吴刚伐桂的传说，等等。

我国是一个统一的多民族国家，有 56 个民族，每个民族都有丰富多彩的文化和风俗习惯，这些不同民族的民俗文化共同构筑了中国民俗文化。或许你们听说过藏族长篇史诗《格萨尔王传》

中格萨尔王的英雄气概、蒙古族智慧的化身——巴拉根仓的机智与诙谐、维吾尔族世界闻名的智者——阿凡提的睿智与幽默、壮族歌仙刘三姐的聪慧机敏与歌如泉涌……如果这些你们都有所了解，那就说明你们已经走进了中华民族传统民俗文化的王国。

你们也许看过京剧、木偶戏、皮影戏，看过踩高跷、耍龙灯，欣赏过威风锣鼓，这些都是我们中华民族为世界贡献的艺术珍品。你们或许也欣赏过中国古琴演奏，那是中华文化中的瑰宝。1977年9月5日美国发射的"旅行者1号"探测器上所载的向外太空传达人类声音的金光盘上面，就录制了我国古琴大师管平湖演奏的中国古琴名曲——《流水》。

北京天安门东西两侧设有太庙和社稷坛，那是旧时皇帝举行仪式祭祀祖先和祭祀谷神及土地的地方。另外，在北京城的南北东西四个方位建有天坛、地坛、日坛和月坛，这些地方曾经是皇帝率领百官祭拜天、地、日、月的神圣场所。这些仪式活动说明，我们中国人自古就认为自己是自然的组成部分，因而崇信自然、融入自然，与自然和谐相处。

如今民间仍保存的奉祀关公和妈祖的习俗，则体现了中国人崇尚仁义礼智信、进行自我道德教育的意愿，表达了祈望平安顺达和扶危救困的诉求。

小读者们，你们养过蚕宝宝吗？原产于中国的蚕，真称得上伟大的小生物。蚕宝宝的一生从芝麻粒儿大小的蚕卵算起，中间经历蚁蚕、蚕宝宝、结茧吐丝等过程，到破茧成蛾结束，总共四十余天，却能为我们贡献约一千米长的蚕丝。我国历史悠久的养蚕、丝绸织绣技术自西汉"丝绸之路"诞生那天起就成为东方文明的传播者和象征，为促进人类文明的发展做出了不可磨灭的贡献！

小读者们，你们到过烧造瓷器的窑口，见过工匠师傅们拉坯、上釉、烧窑吗？中国是瓷器的故乡，我们的陶瓷技艺同样为人类文明的发展做出了巨大贡献！中国的英文国名"China"，就是由英文"china"（瓷器）一词转义而来的。

中国的历法、二十四节气、珠算、中医知识体系，都是中华民族传统文化宝库中的珍品。

让我们深感骄傲的中国传统民俗文化博大精深、丰富多彩，课本中的内容是难以囊括的。每向这个领域多迈进一步，你们对历史的认知、对人生的感悟、对生活的热爱与奋斗就会更进一分。

作为中国人，无论你身在何处，那与生俱来的充满民族文化DNA 的血液将伴随你的一生，乡音难改，乡情难忘，乡愁恒久。这是你的根，这是你的魂，这种民族文化的传统体现在你身上，是你身份的标识，也是我们作为中国人彼此认同的依据，它作为一种凝聚的力量，把我们整个中华民族大家庭紧紧地联系在一起。

《记住乡愁——留给孩子们的中国民俗文化》丛书，为小读者们全面介绍了传统民俗文化的丰富内容：包括民间史诗传说故事、传统民间节日、民间信仰、礼仪习俗、民间游戏、中国古代建筑技艺，民间手工艺……

各辑的主编、各册的作者，都是相关领域的专家。他们以适合儿童的文笔，选配大量图片，简约精当地介绍每一个专题，希望小读者们读来兴趣盎然、收获颇丰。

在你们阅读的过程中，也许你们的长辈会向你们说起他们曾经的往事，讲讲他们的"乡愁"。那时，你们也许会觉得生活充满了意趣。希望这套丛书能使你们更加珍爱中国的传统民俗文化，让你们为生为中国人而自豪，长大后为中华民族的伟大复兴做出自己的贡献！

亲爱的小读者们，祝你们健康快乐！

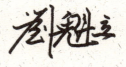

二〇一七年十二月

目 录

老虎在中国的分布及其种类

| 老虎在中国的分布及其种类 |

一直以来，老虎在中国人心目中就是森林中战无不胜的"百兽之王"，它们勇猛神武，威风凛凛。在动物分类学上，老虎属于哺乳动物纲有胎盘亚纲肉食目猫科，一般都是林栖类独居动物。它们白天躲在隐蔽的地方休息，养精蓄锐，黄昏或者清晨时候活动最为频繁，属于夜行性动物。老虎有非常强烈的领地意识，它们用在领地内的树干上或灌木丛里分布气味浓烈的分泌物作标记，或者在树干上留下爪痕，从而确定自己的活动范围。

老虎在中国曾有广泛分布，从黑龙江到云南，从东

南沿海到新疆地区，很多地区都曾发现过老虎的踪迹。根据相关材料记载，中国历史上曾经分布有孟加拉虎、印支虎、里海虎、华南虎以及东北虎五大地理亚种。由于栖息地环境的恶化以及人类过度捕猎，里海虎已经灭绝，其他四大亚种老虎在中国也成为珍稀保护动物，数量非常稀少。其中，华南虎又称"中国虎"，为中国所特有的老虎亚种，主要分布

在华中和华南地区。

正是因为老虎在中国曾经广泛分布，因此老虎成为古代家喻户晓的一种大型野生动物，自然也更有机会被古人选中，最终成为十二生肖的成员之一。

| 广州动物园中的华南虎 |

虎的雅号与别称

| 虎的雅号与别称 |

虎除了如今大众所熟知的"虎""老虎"以及"寅"等称呼以外，古人还曾给老虎取了大量的别称雅号，生动地反映出各种不同习性的老虎形象。根据《中国古代名物大典》的记载，老虎的别称、雅号主要有：大虫、大灵、山君、巴儿思、李耳（李父）、伯都、於菟、巴儿思、波罗、黄斑（黄班）、寅客（寅兽）、斑奴、班寅将军、虞吏等。

（一）於菟

关于"於菟"最早的记载，来自《左传·宣公四年》，其中就说到"楚人谓乳谷，

| 两只戏水的老虎 |

谓虎於菟"。该名称的由来，源自楚国著名政治家令尹子文。由于他是个私生子，生下来后被母亲丢弃在云梦泽这个地方，后来一只母虎将子文抚育长大，后来子文由其外祖父收养，并取名叫"斗谷於菟"，以纪念老虎对子文的养育之恩。这则故事恰好说明在古代楚国地区，老虎曾被楚人称作"於菟"。

后来鲁迅在《答客诮》一诗中也曾化用这一典故，用"於菟"来形容他可爱的儿子："知否兴风狂啸者，回眸时看小於菟。"在鲁迅看来，尽管山中的老虎兴风狂吼，看似冷酷勇猛，但是仍然会频频回头看它心爱的小虎崽，字里行间描绘出温柔多情、舐犊情深的父子之情。

（二）寅兽、寅客

南朝陶弘景的《真诰·翼真检》曾提到"寅兽白齿者，是虎牙也。亦直云寅兽者，亦云寅客。"之所以将老虎称作"寅客"或"寅兽"，主要是因为老虎在十二生肖中与"寅"相配，故而得名。

（三）山君、兽君

该说法源自《说文·虎部》，其中有"虎，山君之兽"的说法，而明代李时珍的《本草纲目·兽二·虎》中也有"虎，山兽之君也"的记载。此外，还可见《事物异名录》卷三十五："虎，西方兽，曰兽君。以其为山兽之君也。亦曰山君。"由此可知，"山

｜虎图挂轴（徐悲鸿绘，故宫博物院藏品）｜

| 虎图轴（齐白石绘，故宫博物院藏品）|

君"或"兽君"都是老虎的雅称，与它"百兽之王"的王者形象可谓是相得益彰。

（四）虞吏、班寅将军与封使君

"虞吏"的说法出自葛洪的《抱朴子·登涉》，"山中寅日，有自称虞吏者，虎也。"也就是说，如果寅日在山林中遇到自称"虞吏"的人，它就是老虎的化身。由此可见，"虞吏"也是老虎的一种雅称。

根据《太平御览·述异记》中的记载，老虎也被称作"封使君"。传说在汉代，宣城太守封邵突然变成一只老虎，性情暴戾，到处吃人，百姓便以"无作封使君，生不治民死食人"的说法讽刺这位太守，表达民众对贪官污吏的憎恨之情。同时，这个故事也给老虎增添了一个负面的、暴虐的"封使君"称号。

《太平广记》卷四百三十四中记载了一则故事，说唐代大中年间有个秀才住在南山下，曾有自称南山"班寅将军"与桃林"斑特处士"的人来拜谒他，并和他一起饮酒赋诗，大醉而别。等到第二天清晨，秀才看门外只剩下牛和老虎的踪迹，原来"班寅将军"与"斑特处士"分别是老虎与牛所变化。这也就为老虎添了一个"班寅将军"的雅号。其实，老虎身附黄、黑、白三色相间的斑纹，又与地支"寅"所匹配，其动作行为威猛凶狠，神似

将军，故而古人将老虎称作"班寅将军"也是非常贴切、合适的。

无论是"虞吏""班寅将军"还是"封使君"，实质上与"山君"的象征意义是一样的，都因老虎为森林之中的王者，管理着天下的飞禽走兽，且勇猛凶狠，故以之命名。不少古代兵器、军旗上也常见老虎的纹饰，用来彰显所有者崇高的身份和卓越的军事权力。

（五）李耳、李父、狸儿

作为老虎的别称，"李耳"也作"李父""狸儿"。《太平御览》卷九百八十一引汉代应劭的《风俗通义》曰："呼虎为李耳。俗说虎本南郡中卢李氏公所化为，呼'李

| 清代飞虎斧（故宫博物院藏品）

耳'因喜，呼'斑'便怒。"那么，为何老虎会被称作"李耳"呢？李时珍在《本草纲目·兽二·虎》就从方言音转的角度作了一番解释："李耳当作狸儿，盖方言狸为李，儿为耳也。今南人犹呼虎为猫，即此意也。"也就是说，南方人往往称呼老虎为"狸猫"，结果在口耳相传之间错讹成为"李耳"了。在《方言》第八中也谈到"虎，陈魏宋楚之间或谓之李父，江淮南楚之间谓之李耳"，由于方言的差异，老虎便多了"李耳""李父"和"狸儿"三个雅称。

（六）波罗、巴而思（巴儿思）

古代时候，汉人不仅给老虎取了各种异名雅号，还借用少数民族语言中老虎的说法来称呼老虎，如"波罗"

|清代田黄石卧虎（杨玉璇雕刻，故宫博物院藏品）|

|明代洒线绣武松打虎经皮面（故宫博物院藏品）|

与"巴而思"。

"波罗"也作"罗罗"，是古代南诏人对老虎的称谓，主要流传于云南地区少数民族之中。在唐代诗歌中就有"法架避星回，波罗毘勇猜"的说法，其中"波罗"指老虎，"毘勇"指"野马"。

"巴而思"（巴儿思）是古代蒙古语"老虎"的说法，相关记载见于元代陶宗仪的《辍耕录》。元代皇帝经常为了嘉奖能臣，表彰其功勋和无所畏惧的勇气，给他们赐名"巴而思",寓意他们像虎一样勇敢。

（七）大虫、戾虫

"大虫"是中国人最为熟知的，也是最常见的一个老虎的别称，有些文献中也记作"大灵"或"老大虫"。又因老虎性情暴戾、凶猛，因而有些古籍也将为害一方的老虎称作"戾虫"，表达百姓对这类老虎的厌恶之情。

"大虫"的最早记载来自晋代干宝的《搜神记》卷二："扶南王范寻养虎于山，有犯罪者，投于虎，不噬，乃宥之；故虎名大虫，亦名大灵。"之所以老虎被称为"大虫"，是因为古人将一切动物都称作"虫"，兽类即为"毛虫"，老虎作为百兽之首，乃是兽类之王，因

此称作"大虫"。而且，老虎在古人眼中被视为刚正不阿、勇敢正义的动物，颇有灵性，因此被用来断案，分辨嫌犯清白与否，因而把老虎称作"大灵"。"大虫"之名为后人所熟知，这就与《水浒传》不无关系，第二十三回"景阳冈武松打虎"中就把那只被武松打死的老虎称作"吊睛白额大虫"。

除了上述名称之外，古

人还将白虎称作"白额将军"或"白额侯"，幼虎则称为"乳虎""孩虎"或"兽子"，以示对老虎的敬畏、尊崇与喜爱。

老虎在十二生肖中的排序由来

老虎在十二生肖中的排序由来

在十二生肖中，虎是最为勇猛、威武的动物。可是，作为百兽之王的虎在生肖排序中却排在鼠、牛之后，仅列第三。这又是为什么呢？

（一）老虎的活动规律与地支"寅"的时间对应

古人曾经试图从动物的活动规律来解释十二生肖的顺序，其中最为典型的就是清代刘献廷在《广阳杂记》卷一中引李长卿《松霞馆赘言》：

"然子何以属鼠也？曰：天开于子，不耗则其气不开。鼠，耗虫也。于是夜尚未央，正鼠得令之候，故

|十二生肖群俑，左二为虎俑（上海博物馆藏品）|

子属鼠。地辟于丑，而牛则开地之物也，故丑属牛。人生于寅，有生则有杀。杀人者，虎也，又寅者，畏也。可畏莫若虎，故寅属虎。卯者，日出之候。日本离体，而中含太阴玉兔之精，故卯属兔。辰者，三月之卦，正群龙行雨之时，故辰属龙。巳者，四月之卦，于时草茂，而蛇得其所。又巳时，蛇不上道，故巳属蛇。午者，阳极而一阴甫生。马者，至健而不离地，阴类也，故午属马。羊啮未时之草而苗，故未属羊。申时，日落而猿啼，且申臂也，譬之气数，将乱则狂作横行，故申属猴。酉者，月出之时，月本坎体，而中含太阳金鸡之精，故酉属鸡。戌时方夜，而犬则司夜之物也，故戌属犬。亥者，天地混沌之时，如百果含生意于核中，猪则饮食之外，无一所知，故亥属猪。"

刘献廷借助古人以动物的行为习惯和活动规律作为依据，融合天地、阴阳、五行等古代学说的说辞，对十二生肖的排序进行了解释。当然，持这种解释的古人并非少数，明代郎瑛在《七修类稿·十二生肖》中就曾持类似的说法。在他们看来，之所以老虎与寅相匹配，是因为老虎在凌晨三点至五点期间最为活跃凶猛，使人畏惧，因此老虎在生肖中也就排在第三位了。实际上，现代动物学家通过观察发现，老虎不仅在清晨精神活跃，四处觅食，在黄昏时候也会频繁活动，因此从老虎的活动时间规律

｜隋代四神十二生肖铜镜（陕西西安出土）｜

｜生肖月份牌（苏州桃花坞木版画）｜

来分析十二生肖排序原因的说法看似科学，然而却与动物的真实习性存在差异，缺乏更为严谨的证据。

由此观之，以刘献廷为代表的从动物习性与天时物候的角度进行解释，或许是古人在直观记录自然规律中，首先以动物行为作为依据所定下的十二生肖次序，后来随着十二生肖与地支合二为一，古人囿于自身自然知识的局限才做出这一番臆测。

（二）"先来后到"的民间传说

关于十二生肖的排序问题，还有不少与之相关的民间传说故事，试图合理地解释十二生肖的源流、排序。最为人熟知的就是"玉皇大帝选拔十二生肖"的故事。民间传说，玉皇大帝为了确定人间的时间观念，曾经昭告天下动物，在他生日那天前来祝寿，按照前来的报到顺序来选定十二种动物，让它们来对应十二地支，方便人类纪年、定时，并且按照顺序轮流值年。本来商量好和猫一起前往的老鼠，害怕错过机会，于是偷偷早起就出门。结果，牛比老鼠出发得更早。眼看就要被牛占了先机，心眼活络的老鼠于是趁着老牛不注意，爬上它的后背，然后从它的头顶蹿下，抢先一步进了南天门，最后老鼠抢得了第一，辛苦的老牛反而只获得第二位。随后，老虎、兔子等其他九种动物也陆续到达，玉皇大帝最后按照它们报到的先后顺序确定了每一年的值年归属，这也成为十二生肖顺序的由来。猫因为被老鼠所骗而落选，未能如愿。从此之后，猫和老鼠就变成了死对头。

类似的传说还有"轩辕黄帝选皇宫守卫"的版本，内容并无差别。而且，许多少数民族地区也流传着类似的十二生肖来历的故事，如纳西族东巴经《十二生肖的来历》、新疆柯尔克孜族十二生肖传说，故事梗概与汉族十二生肖的说法也大同小异，都是讲述十二生肖的顺序是按照动物先来后到的次序所决定的。细细品味这些传说，仍然可以感受到"先来后到"的排序版本实际上还是与动物的生活习惯、活动规律息息相关，以拟人化的口吻来描述十二生肖，给这十二种动物增添了许多活泼可爱的童趣。

不过，除了这些"先来后到"之说，实际上还流传着另一种"老虎礼让"的传说。相传玉皇大帝要排生肖座次，自然界的动物们纷纷前来应征，牛因为性格憨厚又勤劳肯干，被动物们推举为首位。身为"百兽之王"的老虎一直是威猛正直，不屑与其他动物相争，加上它平素对牛也是敬佩赞赏，欣然同意，甘居第二。结果老鼠上蹿下跳，凭借其灵活狡猾夺得生肖首位，最后老虎的排次也就由原来的第二变成了第三名，对应成为寅年的轮值动物。在这则传说中，身为百兽之王的老虎勇猛正义，又不失谦恭，犹如一位谦谦君子。

神话传说中的虎

| 神话传说中的虎 |

中国传统古籍文献中记载了不少与虎有关的神话传说，这些资料往往生动再现了古代社会的社会生产、民间风俗、宗教信仰与宇宙观。

（一）古代文献中的老虎

正如汪玢玲《中国虎文化》所言，散见于古代文献中的神话传说所描绘的老虎形象，可以简单地分类为原生形态与复合形态两大类。

1. 原生形态的老虎形象

所谓"原生形态"，就是指与自然界形象一致的老虎形象。东汉应劭的《风俗通义》记载："虎者，阳物，百兽之长也，能执搏挫锐，噬食鬼魅。"由此可见，虎在古人眼中是一种镇邪驱鬼的灵兽。这类原生形态的老

| 湖北武昌唐墓出土的白虎纹砖（故宫博物院藏品）|

虎神话有两种典型的形象：一种是四方之神白虎，另一种则是陪伴神仙飞升的神奇虎兽。

白虎是主管西方的神灵，与青龙、朱雀、玄武共同组成四神，也称"四灵"。西方在五行中属金，对应的颜色是白色，因此该方神兽为白虎。白虎具有辟邪、禳灾、祈丰及惩恶扬善、发财致富等多种神力，而且白虎也是主管杀伐、刑罚的战神。西方是古代人魂归上天时所追求的极乐之地，虎在四神中为西方之神，故而逝者除乘龙飞升以外，也有御虎升天的形象，这也是为何在古代墓葬中多出现老虎形象的原因之一。

另一种则是与神仙一起出现的老虎形象，作为神灵飞升的坐骑。例如，晋人葛洪在《抱朴子·杂应》中谈

｜隋代人御白虎纹画像石（故宫博物院藏品）｜

到，"若能乘蹻者，可以周流天下，不拘山河。凡乘蹻道有三法：一曰龙蹻，二曰虎蹻，三曰鹿卢蹻"，也就是说如果能够乘坐神兽作为自己的脚力，那么就可以周游天下，不拘泥在山河之间。乘蹻的方式之中，就有"虎蹻"，因而老虎在古人心中，是可以帮助凡人飞升的一种神兽。

借助老虎这一神蹻上天入地的记载，非常直接地反映了道教的神仙观念。事实上，在道教神仙谱系中，就有不少身骑老虎的神仙，最典型的就是财神爷赵公明。《三教源流搜神大全》对赵公明的形象做了详细的描述："赵公明，终南山人，头戴铁冠，手执铁鞭，面如黑炭，胡须四张。跨黑虎，

|骑虎财神像轴（徐悲鸿绘，故宫博物院藏品）|

授正一玄坛元帅。能驱雷役电，呼风唤雨，除瘟剪疟，祛病禳灾。如遇讼冤伸抑，能解释公平，买卖求财，宜利合和，无不如意。"不少赵财神的神像将其描绘成一位威风凛凛的骑老虎的神将，号称"百兽之王"的老虎在财神爷面前全无霸气，任其驱使。

如今，台湾、厦门等地还将虎爷为土地公的使者，管地上的凶禽猛兽，因此各庙都有奉祀虎爷的习惯。虎爷的神像一般供奉在主神龛下的凹洞或桌下。虎爷造型虽然可爱，但仍带有诸多威严。

2. 复合形态的虎神形象

除了前面谈到的原生形态的神虎，还有一种复合形态的虎神形象。复合的虎形神灵往往具有人形，又保留了一些老虎的身体特征。这类复合形态的虎神形象在《山海经》中有很多记载：

"西南四百里，曰昆仑之丘，是实为帝之下都，神陆吾司之。其神状，虎身而九尾，人面而虎爪。"（《山海经·南山经》）

"又西三百五十里，曰玉山，是西王母所居也。西王母其状如人，豹尾虎齿而

善啸，蓬发戴胜，是司天之厉及五残。"（《山海经·西次三经》）

我们可以从上面两则记载中看到，不管是陆吾还是西王母，这类神灵都带有明显的老虎特点，或者保留着老虎的身体，或者有老虎的牙齿，而且善于咆哮，显示出一种人与老虎形象叠加的特征，神秘独特，威严肃穆，成为一种复合形态的虎形神灵。而且这些神灵往往还管辖一方，具有较高的地位。

（二）少数民族的老虎始祖神话

根据王宪昭的《中国民族神话母题研究》，我国崇拜虎图腾或虎神的少数民族有十多个，其中最为典型的就有彝族、纳西族、土家族、珞巴族。在他们口耳相传的神话传说中，就有不少与老虎有关的创世神话与人类创生神话。

1. 彝族《梅葛》

据彝族史诗《梅葛》记载，"人化"的天神格滋在创世之初，派了他的五个儿子去造天。历经千辛万苦创造天地之后，又费尽周折补天、补地。然而，天地修补之后，仍然摇晃不定，天神的儿子们虽然想尽办法使土地稳固，天却依然晃荡。于是，天神指示五个儿子去制服人间最凶猛的动物老虎，然后用虎的四根大骨做撑天的柱子，用虎的脊梁骨撑天心，最终把天撑了起来，使天稳定下来。造好天地之后，他们又将剩下的老虎身体分解：

"虎头莫要分，虎头作天头。虎尾莫要分，虎尾作地尾。虎鼻莫要分，虎鼻作天鼻。虎耳莫要分，虎耳作天耳。

虎眼莫要分，左眼作太阳，右眼作月亮。虎须莫要分，虎须作阳光。虎牙莫要分，虎牙作星星。虎油莫要分，虎油作云彩。虎气莫要分，虎气作雾气。虎心莫要分，虎心作天心地胆。虎肚莫要分，虎肚作大海。虎血莫要分，虎血作海水。大肠莫要分，大肠作成江。小肠莫要分，小肠作成河。排骨莫要分，排骨作道路。

虎皮莫要分，虎皮作地皮。硬毛莫要分，硬毛变树林。软毛莫要分，软毛作青草。细毛莫要分，细毛作秧苗。骨髓莫要分，骨髓变金子。小骨头莫要分，小骨头变银子。虎肺莫要分，虎肺变成铜。虎肝莫要分，虎肝变成铁……"

通过分解老虎，天神们最终创造了人间万物，因此老虎成为彝族先民眼中的万物之源。过去的彝族部落首领、巫师们甚至还认为自己是老虎的子孙，往往都身披虎皮，彰显他们是虎族后人的高贵身份。云南楚雄彝族自治州境内的彝族人称虎为"罗"，许多地方的彝族人至今还自称"罗罗"，意为"虎族"。他们相信自己身为虎族后人，死后要裹着虎皮火葬，最终化为老虎。有的村寨至今还流传着"人死一头虎，虎死一只花"的俗语。

虎作为百兽之王，是权力和地位的象征，一直都被

彝族先民敬奉为祖先，带有吉祥幸福的寓意。彝族人称虎神为罗尼，是他们心中最灵验、崇高的神灵，一些彝族人家中的神龛上往往都供奉虎形的祖灵，大门或墙壁上刻有老虎的图纹，在村寨路口处安放形状似虎的石虎神。虎神可以为他们消灾驱邪，可以保佑他们称心如意、吉祥平安。他们把自己、家庭、家族的幸福，都寄托在虎神的护佑之下。

2.哈尼族神话《古时候的人》

哈尼族口头也流传着一则老虎与人类祖先的神话，名叫《古时候的人》：

古代人类与野物一起居住，野物也能说话。后来人类为了生存，开始与"大怪人"和老虎斗。与"大怪

人"斗的时候，人类请小红鱼、螃蟹、冬瓜和野果来帮忙，最后把这个怪物制服。然后，人类使用计谋，把犁头烧红让老虎坐。老虎坐下去之后被烫得号叫，人类就笑话老虎："老虎，你真的无能，怎么连一把犁都坐不稳呢？"老虎非常傲慢地回答道："我只是伸了个懒腰而已。"人类于是趁机抓住想要吃人的老虎，把它绑在犁上，然后杀死。人类战胜大怪人和老虎之后，获得了大量的土地，还学会了种田、纺织。

在哈尼族这则神话故事里，人类与老虎斗智斗勇，依靠人类的智慧和其他动物的协助，战胜了大怪人与老虎，最终夺取了珍贵的生存与生活资源，为人类的繁衍生息创造了条件。

3. 纳西族神话

（1）虎的来历

纳西族用东巴文写就的《虎的来历》，详细讲述了虎的祖先、虎诞生的过程、虎的外形特征与来历、老虎的威慑力，是纳西族老虎神话中的集大成者：

"天上的青龙是虎之祖父，地上的白脸猫是虎之祖母；虎之父叫昌斯革布，虎之母叫吕斯革母。"

"虎头由天赐，虎皮由地给，虎肺由日赐，虎肝由月给；虎骨由石赐，虎肉由泥土给；虎气由风赐，虎血由水给；虎心由铁赐，虎眼由星给；虎声由青龙赐，虎爪由雕给；虎胆由白牦赐，虎耳由豺狗给。虎身最初无斑纹。虎腮、虎脸、虎耳、虎头、虎背、虎臂、虎肋、虎腰、虎腿、虎尾、虎眼眶上的斑纹都是乌鸦因感激吃到老虎吃剩的各种兽肉而描绘报谢者。斑纹为虎威之象征。"

"老虎头朝东而死,皮被分成九十九份。米利董主分到一份,因而杀死了米利术主,获得盖世英名;九个常胜男儿分到一份,因而杀死了九个"止徐"鬼,获得盖世英名;哈族九个男儿分到一份,因而杀死九个术鬼,获得了盖世英名;由老丁多分到一份,因而杀死了七个"猛"鬼,获得盖世英名;牢补妥妥分到一份,因而杀死了"毒"鬼的黑牦牛,获得了盖世英名;妥构古汝分到一份,因而杀死了九个"妥麻"鬼王,获得盖世英名;

普罗牢布分到一份,因而划开了神与鬼的界限,获得了盖世英名;崇仁利恩分到一份,因而射死了牦牛和老虎,获得了盖世英名;崇仁利恩之长子(藏族)分到一份,因而能骑风驰电掣的骏马,获得了盖世英名;崇仁利恩之次子(纳西族)分到一份,因而摧毁了九十九座敌堡与九十九座山岩,获得了盖世英名;崇仁利恩之季子(白族)分到一份,因而会修建瓦房,获得了盖世英名;高勒趣分到一份,因而生四个能干的儿子,获得了盖世英名……"

《虎的来历》可以说是纳西族虎信仰的神话表达,它以丰富的神奇想象、生动的语句,描写了纳西人对原初之虎的精神信仰与崇拜。虎的来历不凡,集天地万物的灵气与精华于一体，自然也就具备着一般动物所不具有的威严和灵力。即便是在老虎死后，它的皮毛仍然可以为人带来非凡的武力与智慧，每个分到虎皮的人都有杀死妖魔鬼怪、建筑房屋住所等能力，从而建立自己的部落，并且还成为族群的首领，创造民族基业。正是因为老虎具有独尊的地位、威严的气魄和神奇的力量，最终也就造就了纳西人对老虎的敬畏和崇拜。

（2）摩梭人的《老虎祖先》

摩梭人是纳西族的分支，在云南、四川一带有不少姓喇的摩梭人，这些喇姓人的祖先就是老虎。为什么会将老虎视为自己的祖先呢？在喇氏摩梭人中流传着一个久远的神话故事：

据说，天神格尔美创造天地万物以后，各种飞禽走兽占据着山川河海，自由自在地生活。有一天，格尔美对众神说："大地上什么都有了，就是没有人类。我想派一个神到地上去创造人类，谁去比较好呢？"一听说要去大地上造人，众神都不说话了。因为刚造好的大地还不稳定，成天摇摇晃晃，充满了各种危险，这样的地方没有谁敢去。众神推三阻四，都不愿意接受这个任务，结果惹怒了天神格尔美，遭到格尔美的惩罚。

守天门的虎神"喇"听到格尔美的骂声，连忙跑来询问格尔美究竟发生了什么事。"喇"虽然没有那么能说会道，但是他生性忠厚，办事踏实，又有一股闯劲，最后格尔美被"喇"神的忠诚所打动，就派他下界造人。在下界之前，格尔美封"喇"为大地之王，让他统管地上的万物，并且许诺如果"喇"完成任务，就让"喇"和他的子孙长生不老，并且还在"喇"的额头上写了一个"王"字。据说，这就是老虎额头上"王"的由来。

在"喇"的努力下，他钻山挖水，创造了泸沽湖，最终来到格尔美指定的地方与当地一位名叫"干木"的姑娘结为夫妻。十年之后他们还生下一对儿女，从此以后大地上就有了人类，并且以"喇"作为自己的姓氏。如今当地还流传着一首古老的歌：

我们的祖先是哪个？

是天神和山神！

我们的老家在哪里？

在"喇踏寨干木"地方！

我们的氏族是人类的主宰，

因格尔美神封我们是万物的王！

从此之后，喇氏氏族成员就在房子的门楣上悬挂虎图，作为辟邪的神灵。在婚礼上，喇氏长辈要赠送一张虎皮给新娘，绘制成人首虎身，作为新娘的护身符。旧时土司家中每年正月初一要在衙门里举行祭祀老虎的仪式，以示对老虎的崇拜，而且也禁止猎人杀虎，违反者会被问罪。

4.珞巴族神话《虎哥与人弟》

在西藏地区生活的珞巴族人，同样也有一则与老虎有关的人类创生神话：

远古的时候，天地一片漆黑，什么也没有。天和地分开以后，人类就从天上掉下来，生活在地上。过了很多年，大地遭到强烈地震，有的人过不下去，就飞回天上。有的人因为良心不好，飞到半空中就摔下来了。那时候，世上有一个姑娘和她的舅舅，他们相依为命，日子过得很清贫。等到姑娘长大待嫁的时候，却找不到人成亲。这时候有个喇嘛佛爷，就让姑娘和她舅舅成亲。姑娘死活不肯，就打算躲到树上。刚爬上树，她忽然感到受孕了，肚子疼痛难忍，赶忙爬下树来。刚一落地，她就生下一只虎仔，后来又生下一个人。老虎一生下来就会跳，人却动都不会动，他

们就是虎哥和人弟。

哥俩长大以后，有一天他们结伴到森林里去打猎。虎哥毫不费力就抓了一只马鹿，人弟却连一只兔子都没逮到。虎哥很生气，一把揪住人弟的脖子，骂他太无能。过了几天，虎哥又约人弟到山上去打猎。打到猎物以后，人弟拿着两块石头使劲摩擦，并且擦出火星。他把兽肉烤熟后再吃，味道十分好。虎哥却用锋利的爪子把兽肉撕成几块，张开血盆大口就狼吞虎咽地嚼起来，边吃边对人弟说："你这个笨蛋，等我把兽肉吃光了，就要吃你的肉了！"

人弟听到后，立刻吓得跑回家，气喘吁吁地告诉妈妈："妈妈，虎哥想吃我。"妈妈一听吓坏了，说："你

大哥太可恶，得赶紧把它除掉。"妈妈想了一个主意，然后悄悄地告诉了人弟。

第二天，人弟假装约虎哥过江打猎。他带着弓弩，找来一只小虫，偷偷放在虎哥背上。走到江边，人弟先通过溜索，躲在一棵大树背后。等到虎哥也跟着过溜索的时候，小虫咬得虎哥背脊发痒，忙用一只爪子抓痒。人弟见虎哥在溜索上摇摇晃晃，趁机取出弓弩向虎哥射了一箭。虎哥又痛又痒，最后没抓住溜索，跌落江中。

看到想要陷害自己的虎哥被江水冲走了，人弟便高高兴兴地回到家中，告诉了妈妈。从此之后，没有了老虎来吃人，人类也就一代一代传下来了。

珞巴族这则人类创生神话中，刻画了性格截然不同的虎哥与人弟形象，并且将人与老虎描述为一对亲生兄弟。由于老虎性格残暴、凶狠，人弟为了自我保护，最后在妈妈的帮助下除掉了虎哥，才侥幸活下来，使人类得以传承。与其他民族歌颂老虎为人类做出贡献的神话不同，珞巴族神话中的老虎被描述得非常凶残，更贴近自然界的老虎形象，并且对人类的生存构成了威胁，这或许从侧面反映了古珞巴族人艰辛、危险的真实原始生活。

民间故事中的虎

| 民间故事中的虎 |

（一）武松打虎

老虎勇猛无敌，能够制服老虎的人，自然是英雄人物，如西汉名将李广就是一位射虎名将。在制服老虎的故事中，最为家喻户晓的莫过于"武松打虎"。该故事出自明代施耐庵所著的《水浒传》第二十二回《横海郡柴进留宾，景阳冈武松打虎》。作者通过描写武松与老虎搏斗的场景，意在塑造武松勇猛、正气的英雄形象：

"原来但凡世上云生从龙，风生从虎。那一阵风过处，只听得乱树背后扑地一声响，跳出一只吊睛白额大虫来。武松见了，叫声：'啊呀！'从青石上翻将下来，便拿那条哨棒在手里，闪在青石边。

那个大虫又饥又渴，把两只爪在地下略按一按，和身往上一扑，从半空里窜将下来。武松被那一惊，酒都做冷汗出了。说时迟，那时快，武松见大虫扑来，只一闪，闪在大虫背后。那大虫背后看人最难，便把前爪搭在地下，把腰胯一掀，掀将起来。武松只一躲，躲在一边。大虫见掀他不着，吼一声，却似半天里起个霹雳，振得那山冈也动。把这铁棒也似虎尾倒竖起来，只一剪，武松却又闪在一边。原来那

连环画《武松打虎》（刘继卣绘）

大虫拿人，只是一扑、一掀、一剪，三般提不着时，气性先自没了一半。那大虫又剪不着，再吼了一声，一兜兜

将回来。武松见那大虫复翻身回来，双手抡起哨棒，尽平生气力只一棒，从半空劈将下来。听听得一声响，簌簌地将那树连枝带叶劈脸打将下来。定睛看时，一棒劈不着大虫。原来慌了，正打在枯树上，把那条哨棒折做两截，只拿得一半在手里。

那大虫咆哮，性发起来，翻身又是一扑。武松又是一跳，却退了十步远。那大虫却好把两只前爪搭在武松面前。武松将半截棒丢在一边，两只手就势把大虫顶花皮胳嗒揪住，一按按将下来。那只大虫急要挣扎，被武松尽气力捺定，哪里肯放半点儿松宽。武松把只脚往大虫面门上、眼睛里，只顾乱踢。那大虫咆哮起来，把身底下扒起两堆黄泥，做了一个土坑。武松把那大虫嘴直按下黄泥坑里去。那大虫奈何没了些气力。武松把左手紧紧地揪住顶花皮，偷出右手来，提起铁锤般大小拳头，尽平生之力，只顾打。打得五七十拳，那大虫眼里、口里、鼻子里、耳朵里都迸出鲜血来。那武松尽平昔神威，仗胸中武艺，半歇儿把大虫打做一堆，却似挡着一个锦皮袋。"

透过这些文字描写，我们可以身临其境地感受到武松打虎时的惊险与勇猛，一位梁山好汉的打虎英雄形象跃然纸上。实际上，施耐庵对老虎是情有独钟的，在《水浒传》中，除了武松与李逵打虎以外，还为不少梁山好汉起了与虎有关的绰号，如插翅虎雷横、矮脚虎王英、跳涧虎陈达、笑面虎朱富、病大虫薛永与母大虫顾大嫂等，以虎为号，让这些英雄好汉的人物形象更加深入人心。

（二）虎外婆故事

中国民间传说中流传着一种类似于狼外婆类型的关于虎的故事，这类故事可称作虎外婆（也有叫"虎姑婆"）故事。虎外婆故事的最早记载来源于黄之隽的《虎媪传》，收录在清代黄成增辑录的《广虞初新志》卷十九。

故事大体说的是在安徽省歙县地区的山中有许多老虎，常常有一些年老的母老虎会幻化成人而去害人。有一天，一对姐弟俩带着红枣去看外婆，谁知老虎变成人，哄骗姐弟两人跟着它回家，夜半时候老虎把弟弟吃了。聪明的姐姐识破了冒充外婆的老虎，爬上树后呼救，被人救下之后用计骗过随后赶来的老虎同伴，最后让虎外婆自食恶果。这则故事与格林童话《小红帽》颇有类似之处，不同的是主角变成姐弟二人而非小红帽孤身一人，狼外婆则变成了更为常见的虎外婆。故事情节简单，语言生动，具有鲜明的生活气息。之所以讲述虎外婆故事，主要是为了教育儿童对陌生人应该心存警惕，不能随意信任他人。

（三）撒拉族童话《老虎》

毛星主编的《中国少数民族文学》中，收录了一则撒拉族的童话《老虎》。

据传，曾有青年农民与老虎结为兄弟，老虎看到他家贫如洗，没办法成婚，决心帮助他。于是，老虎在深夜里潜入王宫，把公主背了回来，让她与青年成了亲。国王知道之后勃然大怒，立刻派人要抓走青年。

老虎知道后，马上赶回深山，引来成千上万只老虎，将都城重重围困，所有的老虎一起狂吼，撼天动地，金碧辉煌的王宫犹如漂荡在大海里的一叶扁舟，国王看到这种情形，感到非常惊恐。老虎们对国王说，如果不立刻释放这位青年，并且允许公主和他成亲，那么老虎们还会再次发出怒吼，那时候整个国家都将化作一片瓦砾。国王束手无策，最后只好依照老虎的意思，让这位青年带着公主回家，成为一对美满的夫妻。

（四）关于老虎的寓言与成语故事

古人常常喜欢利用寓言故事来讽刺或劝诫他人吸取教训，传递做人道理。其中不乏与老虎有关的寓言题材。最著名的莫过于"狐假虎威""为虎作伥"以及"老虎学艺"三则。

1.狐假虎威

"狐假虎威"最早见于《战国策·楚策》：

"虎求百兽而食之，得狐。狐曰：'子无敢食我也！天帝使我长百兽，今子食我，是逆天帝命也。子以我为不信，吾为子先行，子随我后，观百兽之见我而敢

不走乎？'虎以为然，故遂与之行。兽见之，皆走。虎不知兽畏己而走也，以为畏狐也。"

狐假虎威（叶飞绘）

这则寓言讲的是，狐狸被老虎捕食的时候，巧妙地编了一个假话，它告诉老虎自己是由天帝派来掌管百兽的，如果老虎吃了自己，就是违背了天命。为了使老虎相信自己，狐狸让老虎跟在自己后面，结果吓跑了百兽。然而，老虎却以为百兽害怕

45

狐狸，并不知道百兽害怕的是自己。如今，"狐假虎威"被用来讽刺那些依仗别人的权势威严来欺压恐吓他人的招摇撞骗之徒，也可以讽刺那些被人利用却不自知的昏庸领导。

2. 为虎作伥

"为虎作伥"这个成语故事讲的是一种特殊的古代鬼神信仰，传说人如果被老虎吃掉之后，灵魂会化成"伥鬼"，听从老虎的差遣，替老虎迷惑活人，供老虎捕食。

"为虎作伥"的成语传说出自宋代的《太平广记》："伥鬼，被虎所食之人也，为虎前呵道耳。"这个故事主要用来讽刺那些非但不思报仇，却反过来充当恶人爪牙、助纣为虐的受害者。

3、老虎学艺

早在宋代，猫就被当时人称为"虎舅"。陆游在《剑南诗稿·嘲畜猫》自注中就有一段有趣的说明："俗言猫为虎舅，教虎百为，惟不教上树。"说的就是老虎向猫舅学艺，猫为了自保，唯独没有教会老虎上树。时至今日，北方许多地区仍然流传着《老虎学艺》这个故事，辛辣地讽刺了那些忘恩负义的小人，如《中国民间故事全书 河北·蠡县卷》里记载：

"老虎和猫虽然身形不同，但长相却很相似。传说老虎和猫原来是同宗，老虎拜师学艺，猫很热心，就把自己所会的都教给了老虎了。猫教累了，想歇一会儿。这时候，老虎觉得自己很了不起，它认为猫把本领全教给它了，老虎便起了歹心，心想：把猫吃掉，自己就可以称王了。它走过去对猫说道：'师父师父，我嗅着你这肉真香。'猫师父一听，一下子就上了树。老虎见无计可施，便说：'师父，你怎么不教我上树呢？'猫师父笑眯眯地说道：'你要学会上树，不就把我吃掉了吗？'"

｜老虎学艺（王德深绘）｜

一则简单的故事，虽然讲的是动物，却真切地隐喻了人类社会关系的冷暖，具有深刻的教育意味。

虎与民俗生活

| 虎与民俗生活 |

众所周知，老虎一直被视为是百兽之王，它在民间有着驱邪避凶、延年益寿、大吉大利等吉祥喜庆的寓意，也是权力、智慧与勇气的象征，一直深受广大民众的喜爱。不少地区的岁时节日里或婚丧嫁娶的仪式过程中，都有老虎这一形象出现。

（一）婚丧节俗中的"老虎"

1. 彝族"跳虎节"

在云南省双柏县小麦地冲一带的彝族，每年农历正月初八至正月十五日都要过"跳虎节"。从农历正月初八的接虎祖开始，到正月十五日的送虎祖结束。

整个节日期间，全村的男女老幼都沉浸在迎虎、送虎、观虎和驱赶邪魔的欢乐气氛中。当地老百姓深信，通过一年一度的传统跳虎、

| 武强木板年画 |

｜清代年画《神虎镇宅》（杨家埠年画研究所藏品）｜

敬虎仪式，老虎祖宗便会保佑全体村民五谷丰登，人丁兴旺，生活更加美满幸福。

2. 新年挂虎图

古代民间认为虎能吃鬼，因此往往会绘制与老虎有关的图画，贴在家门上或者挂于中堂，用来驱邪镇宅。

据《神虎镇宅》介绍，华北地区在除夕夜里会在住房的正厅内挂一幅年画"镇宅神虎图"，图的上方盖有一枚大红印章，印文内容一般是"镇宅神虎""太山神虎"或"当朝一品"等吉祥的四个字。

3. 舞老虎、跳老虎

王斌堂在《江西清江大桥乡舞虎习俗》中记录下清江人每年农历正月初八在村里举行游虎仪式以及沿途舞老虎的习俗。

河南焦作地区也有一种舞虎表演，叫"常家武虎"表演，现在已经是河南省级非物质文化遗产保护项目。"常家武虎"是流传在焦作中站区东冯封村的一种传统民间舞蹈。相传在明万历年间，常一显、常一贵兄弟二人武功超群，他们俩通过观

｜常家武虎（图片来自《聊城晚报》）｜

察家猫腾、跳、扑、卧等动作受到启发，结合老虎的习性，最后创编了"武虎"这种民间舞蹈。如今，"常家武虎"虽历经数百年却久传不衰。"武虎"主要由地虎、山虎和仪仗队共同完成。地虎的表演着重表演老虎在平地上翻腾跳跃、搏击逗趣的形态，而山虎表演需要搭建高台，逐级登高，穿梭跳跃，惊险万分。整个表演过程热闹又宏大，具有强烈的观赏性与戏剧性。

山西地区也有保留在闹社火的时候舞老虎的民间游

| 海口市三江镇舞虎（图片来自中新网）|

艺活动，并把它叫做"老虎上山"。在海口市美兰区三江镇罗梧村，村民为纪念民族英雄冼太夫人而组建了一支舞虎队，时至今日已经传承了三百多年，历史悠久。

4.端午节描老虎、制布虎

浙江地区常将端午节称作"彤红"，各家各户在五月初五这一天会烧苍术、白芷来驱除害虫，俗称"熏蚊烟"。而且，各家还会买一张绘有儿童跨虎的图画，让家中的孩童给虎涂上色，俗称"描端午老虎"。描好的虎图会贴在门上或者床头的墙壁上。

镇海地区还会制作布老虎，因此有"年年端午五月五，剥过粽子做布虎"的说法。嘉兴人家在端午期间还会在小孩的额头上抹雄黄，戴虎头帽，胸前佩戴形似老虎头的"通书袋"，其中会放几张旧历书（俗称"通书"）。

5. 虎馍（面虎）

在山西、陕西等地的除夕前，家家户户都会做面花礼馍，用来当作新年期间的祭祀食品，或者馈赠亲朋好友。

山西晋南地区在端午节临近时期，城乡居民都开始制作或购买老虎造型的晋南花馍"老虎馍"，主要用来

| 山西新绛地区的老虎花馍（曹振峰摄）|

在端午节敬奉先祖，祈福平安吉祥。当地还流行由外婆给外孙送老虎花馍，既可以给孩童玩耍，也可以挂在胸前辟邪，还可以食用。

（三）器物中的"虎"

老虎作为百兽之长，威风凛凛，不少器物中都会出现老虎的形象，成为一种独特的古代物质文化。

1. 虎符与虎节

虎符是古代调兵遣将时常用的一种凭证，也叫做兵符。虎符多用铜铸成，也有一些贵重的是由黄金打造而成。虎符常常分为两半，背面都铸刻有相同的铭文。右半存于朝廷，左半交给带兵的将帅保管。所有的虎符都是专符专用，并且一个兵符对应一个地区，绝不混淆。

| 战国辟大夫虎符（故宫博物院藏品）|

| 虎节（西汉南越王博物馆藏品）|

在调动军队时，先须持符验合方可奏效。

　　另一种与虎有关的凭证叫做"虎节"，是使者在出使远方时获得沿途驿站接待的重要物证。西汉南越王墓曾出土一件虎节，它用青铜铸成扁平板的老虎形状，并且身体呈蹲踞之势，虎口张开，尾部弯曲，虎眼与虎耳均用金片勾勒而成，虎斑铸有弯叶形的浅凹槽，并贴有

| 杜虎符（中国人民革命军事博物馆藏品）|

金箔片。这件虎节的正面有错金铭文"王命命车途"，由这句铭文可知它是一件调动车马的符信。

2. 青铜器中的虎

商周时期的青铜文化熠熠生辉，老虎形态的青铜器或者猛虎纹样常常可以见到，透露出一种威严与华丽的力量之美。

最典型的器型就是虎食人卣，共有两件出土实器，这两件青铜器出土于湖南省安化、宁乡的交界处，后来流入国外，现在分别收藏于

| 虎食人卣（法国巴黎市立东方美术馆藏品）|

法国巴黎市立东方美术馆与日本泉屋博物馆。虎食人卣造型取老虎踞坐并与人相抱

| 商代青铜器上的老虎纹饰（姜震山编绘）|

青铜器虎首纹饰·商

鼎耳虎纹·商

｜春秋后期青铜方壶的虎足（故宫博物院藏品）｜

的神态，虎的后足及虎尾支撑整个器物，前爪怀抱一人。虎的两耳竖起，牙齿甚为锋利，并且张开大口想要吃人。虎肩端附有提梁，梁上饰长形宿纹，以雷纹衬底。虎背上部为椭圆形器口，有盖，盖上立一鹿，盖面与器身以雷纹衬底，纹饰繁缛复杂，怪异独特。

3. 十二生肖虎首铜像

对于中国人而言，最耳熟能详的虎形器物莫过于清代圆明园十二生肖兽首。这些兽首均由中国宫廷匠师制造，设计者是郎世宁等来自欧洲的艺术家，他们将中国生肖文化与欧洲的喷泉融合，在清乾隆时期制造成圆明园西洋楼海晏堂前大水法。每一个兽首都是喷泉的出水口，按照时辰顺序轮流喷水。1860 年，八国联军火烧圆明园，十二兽首流失海外，其中虎、猪、牛、猴四件生肖铜首由中国公司和爱国实业家回购，现在都收藏于保利艺术博物馆。

这件生肖虎首铜像与中国传统的老虎造型大相径

｜圆明园十二生肖虎首铜像（保利艺术博物院藏品）｜

庭，形态与狮子更为相似，不过额头上的"王"字依然可见，形态写实，做工精细，清晰逼真。只是虎首内部已经残破，虎须也只剩下一小根。

4. 一笔虎

古往今来的文人墨客留下不少书法作品和碑刻，其中有一种名叫"一笔虎"的文字颇为独特。这些"一笔虎"为一笔而就的草书，笔力雄健浑厚，整个"虎"字一气呵成，栩栩如生，神气十足，宛若一只活泼灵动的猛虎即将从纸面跳跃而出，从中也能感受到中国汉字的图像之美。

｜清代"一笔虎"碑拓片（马德昭书写，现存西安碑林）｜

（三）民间艺术中的老虎

民间艺人对老虎同样是情有独钟，许多传统民间艺术都会使用老虎的形象，借老虎的形象传递勇敢、强大与吉祥的寓意与祝福。

1. 虎形玩具：布老虎

民间非常盛行给孩童制作布老虎，作为他们的童年玩具，带有浓厚的中国吉祥气息。布老虎的形式非常多

| 布老虎（图片采集自《中国布艺》） |

| 布老虎（陕西宝鸡市文化馆藏品） |

| 山西布老虎（高秀英制作） |

| 制作布老虎（于扬摄） |

样，常见的有单头虎、双头虎、四头虎、母子虎与套虎等。布老虎一般由家中妇女人工缝制，四肢简化，形象夸张，神态生动。

制作布老虎的材料与工艺不尽相同，一般都是用棉布或绸子缝制虎皮，内囊用锯末、谷物或者棉花等材料填充，布面用刺绣、剪贴或手绘的方式勾画出老虎的形态与花纹。布老虎一般造型上呈现出眼大、嘴大的特征，神态天真勇猛，宛如儿童一般活泼可爱。

人们不仅在春节或端午节等节日期间制作布老虎，

｜褐釉彩绘虎形枕（故宫博物院藏品）｜

｜老虎枕头（图片来自《大众日报》）｜

还会在新生儿"洗三"、百日与周岁生日时给小儿赠送布老虎，祝福孩童健康成长。

2. 老虎枕头

山西、山东、天津等地在春节期间流行着一种类似于布老虎的工艺品——老虎枕头，人们在春节都会采购一些，带回家中，希望带来幸福吉祥。老虎枕头是一种在中国民间广为流传的传统手工艺品，品种繁多。这些枕头造型可爱，虎躯长且鼓，一般由当地民间艺人手工缝制而成，尤其在春节期间总是供不应求。人们把这些布艺枕头或是赠送亲友，或是带回家中供孩童玩乐，深受大众的喜爱。山西某些地方还流行一种特别的生日习俗——送老虎枕头，每当小孩过生日时，舅舅要送给外甥一只或者一对老虎枕头，寓意吉祥幸福。

3. 虎形服饰：虎头鞋和虎头帽

中国各地民间普遍流行给小孩子穿老虎形状的服饰，形成一种独特的育儿风

|清代黄色缎钉线虎头小夹鞋（故宫博物院藏品）|

|虎头帽（图片采集自《西安晚报》）|

|民间流行的虎头鞋（图片采集自《中国布艺》）|

|世界最大虎头帽（图片采集自《贵阳晚报》）|

俗与民间手工技艺，最常见的莫过于虎头鞋与虎头帽。虎头鞋用黄布或者其他花色布料拼绣而成，鞋的头部绣上虎头，中间缝制一个"王"字。民间认为，小孩子穿上了虎头鞋，就可以给他们壮胆，也有祝福家中孩童长命百岁的吉祥寓意。

和虎头鞋一样，给孩子戴虎头帽也是寓意吉祥，祝福孩童健康平安。虎头帽多用丝绸做成虎形，双耳竖起，方鼻圆眼，口阔牙尖，额间绣"王"字。不同季节的虎头帽也不尽相同。春夏季的虎头帽多为单层，冬天的虎头帽多做得大一些，里面还会塞上棉絮，漂亮又暖和。

4. 剪纸

老虎在民间剪纸中也是常见的一种题材。剪纸中的老虎勇猛威武，形象夸张，姿态各异，活泼生动，风格上呈现出粗犷与细腻两种鲜明的形式。老虎剪纸也就成

| 猛虎（昌邑地区剪纸）|

| 虎（高凤莲创作）|

| 小老虎（姜艳华创作）|

为另一种独具匠心的民间生肖手工文化。

虎的谜谣与诗词

| 虎的谜谣与诗词 |

中国的谚语、谜语与诗词包含着大量的文化事象与人生哲理，其中就有不少与老虎有关的内容。

（一）灯谜

灯谜是一种根据谜面来猜测谜底的传统智力游戏。 不少与虎有关的谜语诙谐有趣：

1. 病大虫（打一成语）：养虎为患。

2. 黄忠老将本领高，定军山上称英豪。人人见了都奔逃，下山只怕被犬咬。（打一动物）：老虎。

3. 虎啸（打一成语）：一鸣惊人。

4. 武松（打一《水浒传》中的诨名）：打虎将。

5. 虎泉（打一个字）：演。

6. 远远看去好似猫，行近看清连忙跑。（打一动物）：老虎。

7. 身穿金甲赵子龙，头戴战盔诸葛亮。铁面黑须包文拯，无故杀死杨六郎。（打一动物）：老虎。

8. 制作灯谜（打一成语）：与虎谋皮。

| 老虎灯笼（郭卫摄）|

（二）童谣

1. 老虎老虎

老虎老虎，

捶腔打鼓。

打到济南，

拾块银元。

买块糖吃，

好甜好甜。

2. 补虎皮皮袄

老汉上树摘胡椒，

上树穿件虎皮皮袄。

下树扯破了虎皮皮袄，

有虎皮就补虎皮皮袄，

没有虎皮就不补虎皮皮袄。

3. 打老虎

上山打老虎，

老虎不吃饭，

专吃大坏蛋。

4. 老虎请客

大老虎，下山坡，

请小猫，去做客。

小猫不敢去，

吓得打哆嗦。

老虎说，

不要怕，

你是我弟弟，

我是你哥哥。

小猫摇摇头，

不懂为什么。

（三）歇后语

不少歇后语与老虎相关，语言风格俏皮，充满生活情趣。这些歇后语或表现老虎的勇猛威武，或呈现老虎的凶猛残暴，或者直接描绘老虎的习性。

1. 老虎进村——没人敢理

2. 老虎戴辔头——没人敢去骑

3. 老虎下山——来势凶猛

4. 老虎长了翅膀——神了

5. 老虎不吃素——专啃硬骨头

6. 老虎屁股——摸不得

7. 老虎嘴里拔牙——胆大包天

8. 老猫教虎——留一手

9. 放虎归山——后患无穷

10. 老虎吃樱桃——馋红了眼

11. 老虎上树——不会那套

12. 老虎进口袋——自己找死

（四）诗词

自古以来，老虎在文人心中地位都很高，不少著名的诗人都曾留下写虎的诗词。这些诗词从不同的角度描述了老虎的生活习性，同时，通过老虎也表达了作者的社会认知和思想感情。

1. 遣兴

（唐）杜甫

猛虎凭其威，

往往遭急缚。

雷吼徒咆哮，

枝撑已在脚。

忽看皮寝处，

无复睛闪烁。

人有甚于斯，

足以劝元恶。

解析：这首诗歌描绘的是老虎虽然凶猛威风，但是却往往遭到捕杀，最终落得食肉剥皮的下场。杜甫用老虎生前和死后遭遇对照，来讽刺那些为非作歹的得势小人，多行不义必自毙。

2. 猛虎行

（唐）张籍

|虎图（高剑父
绘）|

南山北山树冥冥，
猛虎白日绕村行。
向晚一身当道食，

山中麋鹿尽无声。
年年养子在空谷，
雌雄上山不相逐。
谷中近窟有山村，
长向村家取黄犊。
五陵年少不敢射，
空来林下看行迹。

解析：这是一首以乐府体写的寓言诗。猛虎本来在深山老林出入，然而却一反常态，竟然绕村寻衅，肆意横行，连豪侠少年都不敢招惹，只能来到林子里看看它们的行迹。作者以猛虎危害村民，隐喻当时社会上某些恶势力的猖獗。虽然整首诗处处写猛虎，句句却隐喻人事，发人深思。

3. 虎图

（宋）王安石
壮哉非罴亦非貙，
日光夹镜当坐隅。

横行妥尾不畏逐，
顾盼欲去仍踌躇。
卒然我见心为动，
熟视稍稍摩其须。
固知画者巧为此，
此物安肯来庭除。
想当盘礴欲画时，
睥睨众史如庸奴。
神闲意定始一扫，
功与造化论锱铢。
悲风飒飒吹黄芦，
上有寒雀惊相呼。
槎牙死树鸣老乌，
向之俛喙如哺鶵。
山墙野壁黄昏後，
冯妇遥看亦下车。

解析：这首诗描写的是一幅画得非常逼真的"寒冬饿虎图"，赞美了画家独具匠心的画工。作者对画面进行了生动形象的描绘，十分传神，令人读起来都能感觉到老虎的勇猛生气。

4. 圈虎行

（清）黄景仁

都门岁首陈百技，
鱼龙怪兽罕不备。
何物市上游手儿，
役使山君作儿戏。
初舁虎圈来广场，
倾城观者如堵墙。
四周立栅牵虎出，
毛拳耳戢气不扬。
先撩虎须虎犹帖，
以棓卓地虎人立。
人呼虎吼声如雷，
牙爪丛中奋身入。
虎口呀开大如牛，
人转从容探以手。
更脱头颅抵虎口，
以头饲虎虎不受，
虎舌舐人如舐毂。
忽按虎脊叱使行，
虎便逡巡绕阑走。

翻身踞地蹴冻尘，
挥身抖开花锦茵。
盘回舞势学胡旋，
似张虎威实媚人。
少焉仰卧若佯死，
投之以肉霍然起。
观者一笑争醵钱，
人既得钱虎摇尾。
仍驱入圈负以趋，
此间乐亦忘山居。
依人虎任人颐使，
伴虎人皆虎唾余。
我观此状气消沮，
嗟尔斑奴亦何苦！
不能决踘尔不智，
不能破槛尔不武。

此曹一生衣食汝，
彼岂有力如中黄！
复似梁鸯能喜怒。
汝得残餐究奚补，
伥鬼羞颜亦更主。
旧山同伴倘相逢，
笑尔行藏不如鼠。

解析：诗人用了二十九句诗歌描写驯虎表演的整个过程，从诗歌中可以窥见清代高超的驯兽表演技艺。但是作者对驯虎表演的态度其实是否定的，他反对老虎任人驱使，丧失了老虎的自然天性，嘲讽没有自由生活空间的老虎还不如小老鼠。

｜驯虎（图片采集自《解放日报》）｜

图书在版编目（ＣＩＰ）数据

生肖虎 / 林海聪编著 ； 张勃本辑主编. -- 哈尔滨 ： 黑龙江少年儿童出版社, 2020.2（2021.8重印）
（记住乡愁 ： 留给孩子们的中国民俗文化 / 刘魁立主编. 第十一辑，生肖祥瑞辑）
ISBN 978-7-5319-6459-9

Ⅰ. ①生… Ⅱ. ①林… ②张… Ⅲ. ①十二生肖－青少年读物 Ⅳ. ①K892.21-49

中国版本图书馆CIP数据核字(2020)第005496号

记住乡愁——留给孩子们的中国民俗文化　　　　刘魁立◎主编

第十一辑 生肖祥瑞辑　　　　张　勃◎本辑主编

生肖虎 SHENGXIAO HU　　　　林海聪◎编著

出版人：商　亮
项目策划：张立新　刘伟波
项目统筹：华　汉
责任编辑：杨丽娟
整体设计：文思天纵
责任印制：李　妍　王　刚
出版发行：黑龙江少年儿童出版社
　　　　　（黑龙江省哈尔滨市南岗区宜庆小区8号楼 150090）
网　　址：www.lsbook.com.cn
经　　销：全国新华书店
印　　装：北京一鑫印务有限责任公司
开　　本：787 mm×1092 mm　1/16
印　　张：5
字　　数：50千
书　　号：ISBN 978-7-5319-6459-9
版　　次：2020年2月第1版
印　　次：2021年8月第2次印刷
定　　价：35.00元